土井善晴さんちの「名もないおかず」の手帖
土井善晴

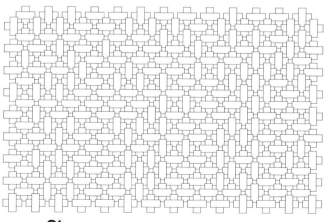

講談社+α文庫

○この本では、材料を次のように計量しています。
カップ1＝200㎖、大さじ1＝15㎖、小さじ1＝5㎖
○塩は、フランスのゲランドや粟國の塩などミネラルを含んだ自然塩、酢は純米酢、そのほかの調味料も、伝統的製法のものを使用しています。

「名もないおかず」とは

「今夜、何にしよう?」と思うとき。
ハンバーグ、しょうが焼き、ギョーザ……と料理名がいくつも頭に浮かびますか。
実はそうでもないですよね。
料理名から考えようとすると、たちまちおかず選びに行き詰まってしまう。
なぜなら、私たちの〝ふだんのおかず〟には名前のつくようなものがあまりないからです。

日本の家庭料理にはそもそも、西洋料理のメインディッシュのようなドーンとした〝主役〟のお料理がありません。
私たちの日々の食卓では、魚や肉の大きなおかずが必ずや主菜である必要はないのです。
むしろ、マーケットで見つけた旬のみずみずしい野菜を油揚げやじゃこ、少量の肉などと一緒に調理したおかずが〝主役〟になることが多いです。

たとえば、小松菜と油揚げの煮びたしとか、玉ねぎと豚肉の炒めたのとか。
そういうおかずに、ちょっと干物を焼いたり、牛肉のしぐれ煮のような常備菜を添えて、酢の物や温かい汁物を作れば献立のできあがり。

つまり、食卓にちょこちょこと並ぶお料理の全体で、
味や彩りや栄養のバランスがとれていて、
ご飯がおいしく食べられればいい、という考え方です。

こうした昔ながらの日本の家庭料理のスタイルは
結果的に野菜をたくさん食べられます。
栄養の偏りもなく、ヘルシーで、経済的でもあります。
そして何より、"おいしい"のです。
旬の野菜をただ炒めたり煮たりしただけの
シンプルなお料理は値段をつけにくいから、
お店ではなかなか食べられません。
でも、実はそれこそが一番おいしい。
家庭でしか食べられない"おいしさ"です。

「名もないおかず」とは、
身近な材料で作る毎日のおかずのことです。
青菜を1わ買ってきたら、
さぁ、どうやっておいしく食べようか、ということ。
料理名ではなく、素材ありきです。
素材から始まるおかず作りの本、
どうぞキッチンに置いて活用なさってください。

[野菜のおかず]

※素材名の頭文字で五十音順に並べました。
※ほうれんそう、小松菜、春菊などの緑の葉野菜は「青菜」のくくりで「あ」行の最初に登場します。

[あ]

青菜の白あえ 10
青菜と豆腐の煮物 11
青菜のにんにく炒め 14
青菜の煮びたし 15
《だし汁》 17
アスパラガスと豚肉の炒め物 18
アボカドの共あえ 19
アボカドの揚げだし 22
いんげん豆の天ぷら 23
《天つゆ》 24
枝豆と煮干しのピリ辛炒め 26
えのきだけと牛肉のしょうが煮 27

[か]

かぶと油揚げの煮物 30
かぼちゃの直がつお煮 31
かぼちゃとハムのパン粉揚げ 34
カリフラワーのチーズ焼き 35
きくらげと牛肉の炒め物 38
キャベツと豚肉の酢みそあえ 39
蒸しキャベツのしらすがけ 42

(目 次)

[さ]

キャベツの和風ピクルス 43
きゅうり酢のなます 46
きゅうりとわかめの酢の物 47
《三杯酢》 49
きゅうりの氷なます 50
さつま芋のごま揚げ 51
さつま芋と青ねぎの煮物 54
里芋のコロッケ 55
しいたけと牛肉の揚げ煮 58
じゃが芋のバター焼き 59
じゃが芋のそぼろ煮 62
ベーじゃが 63
じゃが芋の酢の物 66
ズッキーニのごま油あえ 67
セロリのきんぴら 70
そら豆のしょうゆ煮 71

[た]

大根と青じそのサラダ 74
大根と油揚げの煮物 75

[ら]
レタスのベーコンドレッシングがけ 107
れんこんのガレット 110

[ま]
万願寺とうがらしのいり煮 103
白菜と鮭の煮びたし 95
パプリカと牛肉の炒め物 99
焼きピーマンの煮びたし 98
芽キャベツの素揚げ 102
もやしと油揚げの炒め物 106

[は]
白菜の葛煮 94

[な]
なすの油みそ 87
にらと豚肉のからしあえ 90
にんじんと牛肉のうま煮 91
トマトの肉詰め しょうゆバターソース 86
トマトの卵炒め 83
玉ねぎのしゃぶしゃぶ 82
玉ねぎと牛肉の炒め蒸し 79
大根と牛肉の炒め物 78

[魚介・肉・卵・豆腐類のおかず]

鮭の照り焼き 111
いわしのしょうゆ焼き 114
まぐろのしょうが焼き 115
しじみのにんにく炒め 118
かきの昆布蒸し 119
鶏レバーとにらの炒め物 122
鶏レバーのしょうゆ煮 123
スペアリブの酢煮 126
チリ卵 127
かみなり豆腐 130
豆腐とひき肉の煮物 131
煮やっこ 134
高野豆腐のオランダ煮 135
油揚げの炊いたん 138
ちくわのいり煮 139

[野菜のおかず]

青菜の白あえ

[野菜のおかず]
青菜と豆腐の煮物

[青菜の白あえ]

○2人分
青菜(ほうれんそう、春菊など)　1わ(200g)
木綿豆腐　½丁(150g)
塩　小さじ⅔

> しっかり水きりした豆腐に塩で味をつけ、色よくゆでた青菜をあえます。白あえにおいしいのは、ほうれんそう、春菊などの味の濃い野菜です。以前は白あえのあえ衣をごまやみそで味つけしましたが、最近の豆腐は味が濃いでしょう？ だから塩だけでも充分おいしく、さっぱりといただけるんです。

1)　豆腐は水きりをする。ふきんで包み、
　　皿などをのせて軽く重石(おもし)をし、10分ほどおく。

2)　青菜は熱湯でゆで、水にとって冷ます。
　　水けを絞って3cm長さに切る。

3)　ボウルに豆腐を入れて木じゃくしでつぶし、
　　塩小さじ⅔（豆腐½丁に対して、
　　3本指でつまむくらいの量）で味つけする。
　　青菜を加え、さっくりとあえる。

「MEMO」あまり混ぜすぎないのがおいしさのポイント。

青菜を炒めて、豆腐を加え、水で煮ます。このお料理は菜っぱのおいしさに左右されるので、その時季においしい青菜で作ることが大切。小松菜や菜の花など、うまみのある青菜が向きます。アツアツでとろんとして、雪解けの季節に菜の花で作れば、春待ちの気分でとてもうれしいおかずです。

[青菜と豆腐の煮物]
○2人分
青菜（小松菜、菜の花など）　1わ（200g）
絹ごし豆腐　1丁（300g）
サラダ油　大さじ1
水　カップ1/2
酒、薄口しょうゆ　各大さじ1

1)　青菜は洗って3cm長さに切る。

2)　フライパンにサラダ油大さじ1を熱して
　　青菜を炒める。
　　しんなりしたら、水カップ1/2を加える。

3)　豆腐を玉じゃくしですくって加える。
　　酒、薄口しょうゆ各大さじ1で味つけし、
　　弱火で4〜5分煮る。
　　青菜がとろんと柔らかくなり、
　　豆腐が充分に温まるまで。

「MEMO」青菜のうまみと油のコクで味が出るので
　　　　だしは不要。水で作ります。

[野菜のおかず]
青菜のにんにく炒め

[野菜のおかず]
青菜の煮びたし

[青菜のにんにく炒め]

○2人分

青菜(つるむらさき、空心菜、青梗菜(チンゲンツァイ)、春菊など) 1わ(200g)
にんにく 1かけ(小さいものなら2かけ・皮つき)
卵 2個
サラダ油 大さじ2＋大さじ1
塩 小さじ2/3

> 先に卵を炒めて取り出し、にんにく風味の油で炒めた青菜と炒め合わせます。この頃よく見かけるつるむらさきや、空心菜、青梗菜といった強い味わいの野菜で作りましょう。にんにくは皮つきのまま炒めたほうが香りがよく、おいしいものです。

1) 青菜は洗って3cm長さに切る。
　　にんにくは皮ごとたたいてつぶし、
　　粗く刻む。卵は溶きほぐす。

2) 卵を先に炒める。
　　フライパンにサラダ油大さじ2を熱し、
　　溶き卵を入れて大きく混ぜる。
　　卵が油を吸ったら、いったん皿などに取り出す。

3) フライパンにサラダ油大さじ1を足し、
　　にんにくを皮つきのまま炒める。
　　青菜を加え、塩小さじ2/3をふって
　　強火で炒める。

4) 青菜にほぼ火が通ったら
　　卵を戻し入れ、ざっくりと炒め合わせる。

「MEMO」炒めるとき、青菜についた水けが水蒸気となり、
　　　　青菜に素早く火が通ります。

[青菜の煮びたし]

○2人分
青菜(季節のおいしいもの)　1わ(200g)
油揚げ　1枚
だし汁　カップ1
薄口しょうゆ、塩　各小さじ½

《だし汁》　作りやすい分量：できあがり約カップ3½
| だし昆布　8㎝～10㎝角1枚
| 削り節　12～15g
| 水　カップ4

＊だし汁の材料をすべて鍋に入れ、中火以下で静かに煮立てる。気になるあくはすくい、きれいな琥珀色になったら火を止め、手つきのざるでこす。

青菜を下ゆでし、油揚げを加えただし汁で煮て、急いで冷まします。これもぜひ季節の青菜で。小松菜は年が明けて2～3月が一番の食べ頃で、煮びたしにするととろけるよう。関西の白菜、雪国で冬菜や雪菜と呼ばれる青菜の煮びたしもたまらぬ美味です。

1)　青菜は熱湯で塩ゆでし、水にとる。
　　冷めたら水けを絞って3㎝長さに切る。
　　油揚げは細い短冊に切る。

2)　鍋にだし汁カップ1、油揚げを入れて火にかける。
　　煮立ったら、薄口しょうゆ、
　　塩各小さじ½で味つけする。

3)　青菜を加えて強火にかけ、
　　青菜が熱くなるまで充分に煮る。

4)　火からおろして
　　すぐに鍋底を水に当てて冷やし、
　　青菜を色止めする。

[野菜のおかず]
アスパラガスと豚肉の炒め物

あ

[野菜のおかず]
アボカドの共あえ

[アスパラガスと豚肉の炒め物]

○4人分
アスパラガス　1束(200g)
豚肩ロース肉(カツ用)　1枚
　しょうゆ、酒、片栗粉　各大さじ2/3
サラダ油　大さじ2/3＋大さじ2/3
塩、黒こしょう　各適量

> アスパラガスを直火炒めにして取り出し、肉を炒めたところに戻して合わせます。アスパラガスは生のまま、直炒めにするのがおすすめです。あまりいじらずに全体をカリッと焼くように炒めると、うまみが生きて本当においしい。肉と合わせてボリュームを出すときは、まずは素材を別々に炒めることで、それぞれの持ち味が引き立ちます。

1)　　アスパラガスは食べやすい長さに切り、
　　　太いところは縦2つに割る。
　　　固いところは皮を一むきする。

2)　　豚肉は短冊に切り、下味の材料をもみこむ。
　　　しょうゆ、酒、片栗粉各大さじ2/3の順に。

3)　　フライパンにサラダ油大さじ2/3を熱し、
　　　強めの火でアスパラガスを焼き、
　　　軽く塩をふって取り出す。

4)　　フライパンにサラダ油大さじ2/3を足し、
　　　豚肉を入れて、表面に焼き色をつけるように炒める。

5)　　豚肉に七分通り火が通ったら、
　　　アスパラガスを戻し入れて炒め合わせる。
　　　仕上げに黒こしょうをふる。

単にわさびじょうゆをつけて食べることはみなさん、なさっていると思うけれど。これは、わさびじょうゆと、アボカドの細かくたたいたものを混ぜたあえ衣で、一口大に切ったアボカドをあえるんです。こんなふうに、いつものお料理の見端(みは)をよくすることも、日々のおかず作りで大切なことです。

[アボカドの共あえ]

○2人分
アボカド　1個
わさび　大さじ½
しょうゆ　大さじ⅔
削り節　適量

1)　アボカドは縦に半割りにして種を取り、
　　皮をむいて一口大に切る。

2)　1の¼量を包丁で細かくたたく。
　　大きめのボウルに入れ、
　　わさび大さじ½、しょうゆ大さじ⅔、
　　削り節適量を混ぜる。

3)　2のあえ衣で、1の残りのアボカドをあえる。
　　器に盛り、削り節をあしらって食卓へ。

「MEMO」削り節は鍋で軽くいり、
　　　水分をとばして香ばしくすると
　　　いっそうおいしくなります。

[野菜のおかず]
アボカドの揚げだし

[野菜のおかず]
いんげん豆の天ぷら

[アボカドの揚げだし]

○2人分
アボカド　1個
　薄力粉　適量
大根おろし（皮ごとおろしたもの）　約300g
揚げ油　適量
天つゆ　カップ2/3

《天つゆ》
| しょうゆ、みりん　各カップ1/3
| 水　カップ1 1/3
| だし昆布　8cm長さ1枚
| 削り節　軽く1つまみ

＊天つゆの材料をすべて小鍋に入れ、
　中火以下で煮立ててこす。

アボカドに薄力粉をまぶして揚げ、天つゆに大根おろしでいただきます。ほっくりとろりとして、火を通したアボカドは思わぬ美味。お肉の代わりにもなる満足感のある一品です。作った天つゆはガラス瓶に入れ、冷蔵庫で保存を。4〜5日はもち、丼物やそうめんのつゆにも使えて重宝します。

1)　アボカドは縦に半割りにして種を取り、
　　皮をむいて一口大に食べやすく切る。
　　大根おろしは、水分をきる。

2)　フライパンに1cmの深さに
　　油を入れて熱する。

3)　2の油を菜箸で一混ぜし、
　　箸の先から粟粒くらいの小さな泡が出れば
　　適温（160〜165度）。
　　アボカドに薄力粉をごく薄くまぶし、
　　こんがりと揚げる。

4)　器に盛って、大根おろしをのせ、
　　天つゆを温めてかける。

[いんげん豆の天ぷら]
○4人分
いんげん豆(さやつき)　16〜20本(約70g)
〈天ぷら衣〉
　卵1個＋冷水　カップ½
　薄力粉　60g
揚げ油　適量
＊塩をつけて食べるのが美味。

天ぷら衣を作り、いんげん豆1種だけを揚げます。いんげん豆は水分の少ない野菜なので、歯ごたえも残り、とってもおいしい。このように1種類の野菜を少量の油で揚げるお料理は、手早くて、なかなかよいものです。

1)　いんげん豆は洗って水けをふき、
　　へたを取る。

2)　天ぷら衣を作る。
　　ボウルに卵1個を入れて溶き、
　　冷水を加えてカップ½にする。
　　薄力粉60gをふるって加え、箸でたたくようにして
　　軽く混ぜる(白い粉が残っていてもよい)。

3)　小さなフライパンに1cmの深さに
　　油を入れて熱する。

4)　3の油を菜箸(さいばし)で一混ぜし、
　　箸の先から粟粒(あわつぶ)くらいの小さな泡が出れば
　　適温(160〜165度)。
　　いんげん豆を2のボウルに入れて衣をからめ、
　　1本ずつ油に入れてきつね色に揚げる。

「MEMO」いんげん豆を入れてすぐは油の温度が下がるので
　　　　火を強め、豆が浮いてきたら火を弱めます。

[野菜のおかず]
枝豆と煮干しのピリ辛炒め

[野菜のおかず]
えのきだけと牛肉のしょうが煮

[枝豆と煮干しのピリ辛炒め]

○4人分
- 枝豆(さやつき) 200g
- 煮干し 10尾(約20g)
- にんにく 1かけ(皮つき)
- 豆板醤(トウバンジャン) 小さじ½
- 砂糖、しょうゆ、酒 各大さじ1
- サラダ油 大さじ1
- ごま油 大さじ½

ゆでた枝豆を煮干しと一緒にピリ辛味に炒めます。これは手を汚して食べるんです。枝豆のさやにからんだピリ辛の調味料が、このお料理のおいしさです(ビールにもぴったりです)。もちろん、塩ゆでした枝豆の残りで作ってもかまいません。

1) 枝豆は塩ゆでする。
煮干しは頭とわたを取り除き、
太いものは2つに裂く。
にんにくは皮ごとたたいてつぶす。

2) フライパンにサラダ油大さじ1、
煮干し、にんにくを皮つきのまま入れて熱し、
香りが立ったら枝豆を加えて炒める。

3) ごま油大さじ½を足し、
豆板醤小さじ½を加えていりつける。
砂糖、しょうゆ、酒各大さじ1を加え、
強火で炒め合わせて、全体に味をからめる。

[えのきだけと牛肉のしょうが煮]
○4人分
えのきだけ　2袋(200g)
牛切り落とし肉　120g
しょうが　大2かけ(約40g)
だし汁(＊17ページ参照)　約カップ1½
砂糖、しょうゆ　各大さじ2

えのきだけ、しょうがが、牛の切り落としを、だし汁で煮て甘辛味に仕上げます。えのきだけで作りましたが、きのこは何でもいいんです。半端に残ったきのこをミックスしてもよいですよ。汁ごとご飯にかけたいような庶民派のお料理。しょうがをちょっと効かせて、メリハリのある味にします。

1) えのきだけは石づきを切り落とし、
    長さを2つに切る。
    しょうがが洗って皮つきのままません切りにする。
    牛肉は細かく切る。

2) 鍋に1を入れ、
    だし汁をひたひたに加えて強火にかける。
    煮立ったらあくを取る。

3) 砂糖、しょうゆ各大さじ2を加えて
    強火で6〜7分、
    煮汁が½量になるまで煮る。

［野菜のおかず］
かぶと油揚げの煮物

[野菜のおかず]
かぼちゃの直がつお煮

[かぶと油揚げの煮物]

○4人分
小かぶ(葉つき)　5個(約600g)
油揚げ　2枚
だし汁(*17ページ参照)　カップ2
薄口しょうゆ　大さじ2

小かぶを1cmほどの厚みに切り、油揚げと一緒にだし汁でサーッと煮ます。これはとってもやさしい味わい。かぶを柔らかく煮ると、皮目の筋が口の中に残るので、あらかじめ皮は厚めにむきます。この皮は捨てずに刻んで、塩(皮の重さの2%が目安)をしておくと即席漬けになります。かぶの葉もきれいなところをゆでて細かく刻み、即席漬けに混ぜこみましょう。

1) 　　小かぶは茎を3cmほど残して葉を切り落とす。
　　　　皮を厚めにむき、縦に1cm厚さに切る。
　　　　油揚げは短冊に切る。

2) 　　鍋にかぶ、油揚げ、だし汁カップ2を入れて
　　　　中火にかける。
　　　　煮立ったら、
　　　　薄口しょうゆ大さじ2で調味する。

3) 　　かぶが柔らかくなるまで、
　　　　落としぶたをして6～7分煮る。

[かぼちゃの直がつお煮]
○4人分
かぼちゃ　400g
削り節　10g
水　カップ1½
砂糖、しょうゆ　各大さじ2

鍋にかぼちゃと削り節、水を入れて煮、砂糖としょうゆで味つけします。これは、水に削り節を直に入れて煮ることから「直がつお煮」と呼ばれる昔ながらのお料理。れんこんで作ってもおいしいです。このように、だしを使わなくても煮物は手軽に作れるんですよ。

1)　かぼちゃは種とわたを取り除き、
　　3～4cm角に切って
　　厚い緑の皮をところどころむく。

2)　鍋にかぼちゃ、水カップ1½、
　　削り節10gを入れて火にかける。
　　煮立ったら砂糖大さじ2を加え、
　　落としぶたをして中火で煮る。

3)　5分ほど煮たところで、しょうゆ大さじ2を加え、
　　落としぶたをして、さらに5分ほど
　　かぼちゃが充分に柔らかくなるまで煮る。

「MEMO」煮物は素材の大きさや固さ、鍋の大きさ、
　　　　火加減などで、煮え加減が異なります。
　　　　煮汁が少なくなってきたのに
　　　　素材が固いようなら、熱湯を加えて
　　　　煮る時間を長くすればよいのです。

[野菜のおかず]
かぼちゃとハムのパン粉揚げ

か

[野菜のおかず]
カリフラワーのチーズ焼き

[かぼちゃとハムのパン粉揚げ]

○4人分
かぼちゃ　300g（約¼個）
ハム　2～3枚
　薄力粉　適量
〈衣〉
｜薄力粉、溶き卵、生パン粉　各適量
揚げ油　適量

> かぼちゃにハムをはさんで、パン粉をつけて揚げます。かぼちゃの甘みとハムの塩けがこんなに合うなんて、みなさん、ご存じないのでは？　ぜひ一度作ってみてください。きっとリピーターになりますよ。パン粉は食パンをミキサーにかけて手作りすると、いっそうおいしさが増します。

1)　　かぼちゃは種とわたを取り除き、
　　　4～5mm厚さのくし形に切る。
　　　ハムは半分に切る。

2)　　ハム1切れに薄力粉をまぶして、
　　　かぼちゃ2枚ではさむ。
　　　薄力粉、溶き卵、パン粉の順に衣をつける。

3)　　フライパンに1cmの深さに油を入れて
　　　火にかける。菜箸を入れると、
　　　先から小さな泡が出る温度
　　　（160度くらい）になったら
　　　2を入れて、おいしそうな揚げ色がつくまで
　　　こんがりと揚げる。

「MEMO」フライパンに少量の油で揚げ物をするときは
　　　　途中で上下を返しながら揚げます。
　　　　また、温度が上がりすぎないように、
　　　　途中で火加減を弱めることも大切。

[カリフラワーのチーズ焼き]

○2人分
カリフラワー ½個(約200g)
　塩　適量
オリーブオイル　大さじ1
モッツァレラチーズの細切り　30g

ゆでたカリフラワーにチーズをかけて焼くだけです。簡単で、野菜のうまさをストレートに味わえて、コクもあるお料理です。カリフラワーは柔らかめにゆでたほうが、ほくほくしてグラタンにはよく合います。じゃが芋、かぼちゃ、アスパラガスなどで作るのもおすすめです。

1) 　　カリフラワーは小房に分ける。
　　　　塩少々を入れた熱湯で柔らかくゆで、
　　　　ざるに上げて薄塩をふる。

2) 　　グラタン皿に1を入れ、
　　　　オリーブオイル大さじ1を回しかけ、
　　　　モッツァレラチーズをかける。

3) 　　高温（230度）に温めたオーブンか
　　　　トースターで、10分ほど焼く。
　　　　こんがりとおいしそうな焼き色がつくように。

［野菜のおかず］
きくらげと牛肉の炒め物

[野菜のおかず]
キャベツと豚肉の酢みそあえ

[きくらげと牛肉の炒め物]

○2人分

きくらげ(乾燥)　10g
牛肉(薄切りや切り落としなど)　50g
　しょうゆ　大さじ1/2
サラダ油　大さじ1＋大さじ1/3
塩　小さじ1/3
黒こしょう　適量

> 乾物のきくらげをもどして、下味をつけた牛肉と炒め合わせます。最近は国産(熊本県産など)の、肉厚で味のよいきくらげも出回っていますね。もどしておきさえすれば、サッと炒めて、歯ごたえのよいおかずになってくれます。もどしたきくらげはせん切りにして、酒、みりん、しょうゆでいり煮にしても美味です。

1)　きくらげは水に1時間以上浸して、大きくもどす。
　　固い石づきを切り落とし、一口大に切る。

2)　牛肉は食べやすく切り、
　　しょうゆ大さじ1/2を軽くもみこみ、下味をつける。

3)　フライパンにサラダ油大さじ1を熱し、
　　きくらげを入れて、塩小さじ1/3をふり、
　　強めの火で炒める。

4)　きくらげをフライパンの端に寄せ
　　(量が多いときは一度取り出して)、
　　サラダ油大さじ1/3を足し、
　　牛肉を入れてさばき、炒める。
　　黒こしょうをふり、
　　鍋をあおって全体を炒め合わせる。

[キャベツと豚肉の酢みそあえ]
○4人分
キャベツ　220g
　塩　少々
豚ばら薄切り肉　100g
水　カップ¼
〈酢みそ〉
　白みそ　50g
　砂糖　大さじ½
　酢　大さじ1

> ふたつきのフッ素樹脂加工のフライパンで、少量の水でキャベツと豚肉を蒸しゆでにします。これを冷まして、酢みそであえたお料理です。フライパンの蒸しゆではアッという間にできて、水溶性のビタミンも失いにくく、覚えておくと便利な調理法ですよ。

1)　　キャベツは一口大にちぎる。
　　　豚ばら肉は2〜3cm幅に切る。

2)　　フライパンにキャベツを入れて薄塩をし、
　　　豚肉を広げながら入れる。
　　　水カップ¼を加えて、ふたをして中火にかけ、
　　　蒸気がもれてきたら、さらに1分ほど蒸しゆでにする
　　　（この間に途中で一度ふたを取り、上下を返す）。

3)　　2をざるに取り出し、風を当てて冷ます。
　　　水けをキッチンペーパーで軽く押さえる。

4)　　酢みその材料を混ぜ合わせ、冷めた3をあえる。

「MEMO」ボイルしたキャベツは
　　　　自然に冷ますと、蒸れてしまっておいしくないのです。
　　　　風を当てて積極的に冷ますことで、
　　　　すっきりとした味わいに仕上がります。

[野菜のおかず]
蒸しキャベツのしらすがけ

か

[野菜のおかず]
キャベツの和風ピクルス

[蒸しキャベツのしらすがけ]
○4人分
キャベツ　220g
オリーブオイル、米酢　各大さじ1
水　カップ1/4
塩　小さじ1/2
しらす(またはちりめんじゃこ)　40g

> ふたつきのフッ素樹脂加工のフライパンで、キャベツを甘く蒸しゆでにし、しらす(またはちりめんじゃこ)をかけていただきます。驚くほど簡単で、驚くほどおいしいお料理です。しらすの塩分を考えて、蒸しゆでのときに入れる塩は控えめに。

1)　キャベツは食べやすくちぎる。

2)　フライパンにキャベツを入れ、
　　オリーブオイル、米酢各大さじ1、
　　水カップ1/4、塩小さじ1/2を加えて
　　ふたをして強火にかける。

3)　蒸気がもれてきたら、さらに1分ほど蒸しゆでにする
　　(この間に途中で一度ふたを取り、上下を返す)。

4)　器にキャベツを盛り、
　　しらすをかける。

「MEMO」米酢を使うのは、酢の中でも酸味がやさしく、
　　　　私たちに親しみやすい味わいだから。

[キャベツの和風ピクルス]
○作りやすい分量
キャベツ　350g
　塩　大さじ½（キャベツの重さの2％）
〈合わせ酢〉
　| 米酢、水　各カップ¾
　| 砂糖　大さじ2½
細切り昆布　5g
赤唐がらし　1本

キャベツに塩をしてしんなりさせ、合わせ酢に浸して1日ほどおいていただきます。キャベツを丸ごと買ったときなどに作り、冷蔵庫に入れておくと便利です。やさしい味わいの米酢を使えば、酸っぱいものが苦手な人も食べやすくなります。おつまみにもいいですね。

1)　キャベツは洗って
　　　食べやすい大きさに切り、
　　　塩大さじ½（キャベツの重さの2％）
　　　をふって30分ほどおく。

2)　合わせ酢の材料を混ぜ合わせる。

3)　キャベツの水けを軽く絞り、
　　　即席漬けの容器（＊）に入れる。
　　　合わせ酢を入れ、
　　　細切り昆布、赤唐がらしを加えて混ぜ合わせる。

4)　冷蔵庫に入れて、1日ほどおいてからいただく。

「MEMO」冷蔵庫に入れて4〜5日はおいしくいただけます。
　　　　＊即席漬けの容器がなければ
　　　　　大きめのボウルや器で作り、
　　　　　皿などを重ねてのせて重石をします。

[野菜のおかず]
きゅうり酢のなます

[野菜のおかず]
きゅうりとわかめの酢の物

[きゅうり酢のなます]

○2人分
ゆでだこ　200g
〈きゅうり酢〉
　きゅうり　1本
　にんにく　½かけ
　米酢、薄口しょうゆ　各大さじ1

きゅうりとにんにくをすりおろし、酢と薄口しょうゆで味つけする「きゅうり酢」。生ものをいただく緑色の酢です。たこのほか、あじ、かつおにも合い、さわやかな香りとコクで、いつものお刺身も目先の変わった一品にしてくれます。あじやかつおなどの魚で作るときは、薄塩をして、きゅうり酢との味のバランスをととのえるのがコツ。

1)　ゆでだこは包丁を前後にしっかり
　　動かして食べやすくそぎ切りにする。
　　このとき、包丁の角度を前後で
　　変えると、たこの表面に
　　波ができる（＊さざ波造り）。
　　細い部分は隠し包丁を入れて、ぶつ切りにする。

2)　きゅうり酢を作る。
　　まず、おろし金でにんにくをすりおろし、
　　そのまま きゅうりをすりおろす。
　　ボウルに入れて
　　米酢、薄口しょうゆ各大さじ1で味つけする。

3)　たこを器に盛り、きゅうり酢をかける。

「MEMO」きゅうり酢は色が変わりやすいので、
　　　いただく直前にきゅうりをすりおろして作ります。
　　　　＊さざ波造りにすると、
　　　　　素材に調味料がからみやすく、
　　　　　盛りつけたときにも表情が出ます。

[きゅうりとわかめの酢の物]

○2人分
きゅうり　1本
　塩　小さじ½
わかめ(もどしたもの)　30g
しらす　1つまみ
三杯酢　カップ¼

《三杯酢》
| 米酢　カップ1
| 砂糖　大さじ3
| 塩、薄口しょうゆ　各小さじ1

＊三杯酢の材料をよく混ぜ合わせる。
各½量で作ってもよい。
瓶などに入れて冷蔵庫で約1週間保存可。

きゅうりを塩でもみ、もどしたわかめと一緒に三杯酢であえます。献立のアクセントになってくれる酢の物は、低カロリーでヘルシーな日本料理の名脇役です。きゅうりとたこ、きゅうりとしらすなど、ほかの組み合わせも楽しんでください。

1)　きゅうりは小口切りにし、
　　塩小さじ½をふりかけてしばらくおく。
　　しんなりしたら、水けをギュッと絞る。

2)　わかめは水けをふき取り、食べやすく切る。

3)　いただく直前まで、1、2と三杯酢を
　　冷蔵庫で冷やしておく。

4)　きゅうり、わかめを三杯酢であえ、
　　器に盛ってしらすを添える。

「MEMO」酢の物のコツは、
　　　　材料も三杯酢もそれぞれ冷やしておいて、
　　　　いただく直前にあえること。

[野菜のおかず]
きゅうりの氷なます

［野菜のおかず］
さつま芋のごま揚げ

[きゅうりの氷なます]

○2人分

きゅうり　1本
車麩（くるまぶ）　2個
大根　220g
米酢　大さじ4
砂糖　大さじ1
塩　小さじ1
氷　適量

> まずは鉢ありき。大鉢に材料を直に入れていきます。調味料も直に入れて味つけし、氷を入れてざっくり混ぜていただきます。もともとは暑い日のおやつ代わりの酢の物なんです。ところてんみたいなもので、蒸し暑い日本の夏ならではの風流な食べ物。人が集まるときにもウケそうですね。

1)　車麩は水につけて柔らかくもどし、
　　水けを絞る。
　　食べやすくちぎりながら
　　器（大きめの鉢など）に入れる。

2)　大根をおろしながら1の器に加える。

3)　きゅうりは粗いささがきにしながら、器に加える。

4)　米酢大さじ4をかけ、砂糖大さじ1、
　　塩小さじ1をふって、
　　氷を加えてざっくりとあえる。

「MEMO」きゅうりは器の上で回しながら、
　　　　包丁でシュッシュッと
　　　　先端を削るようにして粗いささがきに。
　　　　この方法だと、1本がアッという間に切れます。

[さつま芋のごま揚げ]

○2人分

さつま芋　小1本(約220g)

〈衣〉
- 薄力粉　50g
- 片栗粉　大さじ1
- ベーキングパウダー　小さじ½
- 砂糖　小さじ½
- 水　カップ⅓(約70mℓ)
- サラダ油　大さじ1
- しょうゆ　大さじ½
- いり白ごま　大さじ3

揚げ油　適量

> ベーキングパウダーの入ったサクッとする衣で、さつま芋を揚げます。衣にごまも加えて香ばしく。かぼちゃ、オクラ、いんげん豆もこの衣と相性がいいです。

1)　さつま芋は皮つきのまま
　　7〜8mm厚さの輪切りにして、水に放つ。

2)　衣を作る。
　　ボウルに粉類(薄力粉、片栗粉、ベーキングパウダー)
　　を合わせて、砂糖、水、サラダ油、しょうゆを加え、
　　泡立て器でなめらかに混ぜる。ごまも加えて混ぜる。

3)　フライパンに油を熱し、菜箸で一混ぜして、
　　箸の先から粟粒ほどの
　　小さな泡が出る温度(165度)にする。
　　1のさつま芋の水けをふき取り、
　　2の衣をつけてこんがりと揚げる。

「MEMO」さつま芋が厚かったり、油の温度が高すぎると
　　　なかなか火が通りにくいです。竹串などで刺して
　　　確かめたうえで、油から引き上げましょう。

[野菜のおかず]
さつま芋と青ねぎの煮物

[野菜のおかず]
里芋のコロッケ

[さつま芋と青ねぎの煮物]

○4人分
さつま芋　2本(約600g)
青ねぎ(太いもの)　3本
だし汁(＊17ページ参照)　約カップ4
砂糖　大さじ5
しょうゆ　大さじ1

> さつま芋をだしで甘く煮て、できあがりにねぎを加えます。火を止めたときに煮汁が残っていますが、冷めるにつれてさつま芋が煮汁を吸いこみ、そうして味をなじませてからいただくほうが美味です。秋口から冬に出回る新芋は、あくが少なく、皮の色も美しい。食卓に季節を運んでくれる、ほんのり甘い煮物です。

1)　さつま芋は皮つきのまま洗い、
　　2～3cm厚さの輪切りにする。水に放って
　　あくを抜く。
　　青ねぎは3～4cm長さに切る。

2)　鍋にさつま芋と
　　かぶるくらいのだし汁を入れて強火にかける。
　　沸いたら中火にし、落としぶたをして
　　柔らかくなるまで17～18分煮る
　　(竹串で刺して確かめる)。

3)　砂糖大さじ5、しょうゆ大さじ1を加え、
　　煮汁が1/2量になるまで20分ほど煮含める。

4)　煮上がりに青ねぎを加え、サッと火を通す。
　　味がなじむ程度に冷ましてから器に盛る。

[里芋のコロッケ]

○4人分
里芋　8個（約500g）
〈衣〉
　薄力粉、溶き卵、生パン粉　各適量
揚げ油　適量
〈ねぎみそ〉
　長ねぎ　1本
　粒みそ（信州みそ）　50〜60g

> 柔らかくゆでた里芋を1個ずつギュッと握ってつぶし、衣をつけて揚げるんです。簡単でとってもおいしいですよ。肉を使わないコロッケにソースは合いません。ねぎみそが好相性で、里芋のうまみをいっそう引き立ててくれます。

1)　里芋は洗って、皮つきのまま水からゆでる
　　（煮立ってから20分ほどで柔らかくなる）。

2)　里芋が熱いうちに下のほうを切って、
　　皮をつるりとむき、
　　1個ずつふきんなどで包んで、ギュッと握る。

3)　フライパンに油を熱し、菜箸で一混ぜして、
　　箸の先から粟粒ほどの小さな泡が
　　出る温度（170度）にする。
　　2に薄力粉、溶き卵、パン粉の順に衣をつけて
　　こんがりと揚げる。

4)　ねぎみその長ねぎは粗みじんに刻む。
　　長ねぎとみそを混ぜて、コロッケに添える。

「MEMO」長ねぎとみそはいただく直前に混ぜます。

[野菜のおかず]
しいたけと牛肉の揚げ煮

[野菜のおかず]
しいたけのバター焼き

[しいたけと牛肉の揚げ煮]

○4人分
しいたけ　8個（約130g）
牛切り落とし肉　100g
〈煮汁〉
| しょうゆ、みりん　各大さじ3
| 水　カップ1
揚げ油　適量
＊好みで練りがらしを添えて。

しいたけは、うっすらと揚げ色がつくほどに素揚げにすると、香ばしくなります。これを、牛肉を軽く煮た甘辛い汁の中に入れて、サッと煮るんです。なんともいえぬ深いうまみがあり、誰にでも好まれる人気のおかずです。練りがらしをつけて食べてもおいしい。

1)　　しいたけは石づきを切り落とし、縦半分に切る。
　　　牛肉は食べやすい大きさに切る。

2)　　フライパンに1cmの深さに油を入れて
　　　弱火で熱する。菜箸で一混ぜして、
　　　箸の先から粟粒ほどの小さな泡が
　　　出る温度（170度）にする。

3)　　鍋に煮汁の材料を合わせて温める。
　　　静かに煮立ったところに
　　　牛肉を入れてさばき、火を止める。

4)　　2の油でしいたけをこんがりと素揚げにし、
　　　3の鍋に加えて一煮立ちさせる。

[しいたけのバター焼き]
〇4人分
しいたけ　8〜9個
サラダ油　大さじ1
バター　大さじ1
塩　適量

> しいたけをフライパンでバター焼きにします。これはもう、素材ありきです。よいしいたけに出会ったときに、まずはこのお料理で召し上がってください。昔ながらの原木しいたけがおすすめで、裏側の白いのが鮮度のよいしるしです。

さ

1)　しいたけは軸を切り落とし、
　　ふきんなどで汚れを落とす。

2)　フライパンにサラダ油大さじ1を熱し、
　　バター大さじ1を溶かして、
　　泡立ったところに
　　しいたけを裏の白い側を上にして入れる。

3)　薄塩をして、
　　フライ返しで押さえつけるようにして焼き、
　　焼き色をつける。
　　裏返して、塩をぱらりとふる。

[野菜のおかず]
じゃが芋のそぼろ煮

[野菜のおかず]
ベーじゃが

[じゃが芋のそぼろ煮]

○4人分

- じゃが芋　4個（約600g）
- 鶏ひき肉　200g
- しょうが　大2かけ（約40g）
- 水　カップ2½
- 砂糖　大さじ3
- みりん　大さじ2
- しょうゆ　大さじ3
- サラダ油　大さじ2

〈水溶き片栗粉〉
| 片栗粉大さじ1＋水大さじ1

- グリンピース　30g

> じゃが芋を炒め、鶏ひき肉と一緒に甘辛味で煮込みます。最後にとろみをつけることで、ひき肉がまとまって食べやすくなると同時に、じゃが芋に味がからみます。グリンピースはお好みで入れなくても。季節なら生を塩ゆでして加えますが、冷凍でもかまいません。

1)　じゃが芋は皮をむいて
　　3～4等分に切り、サッと洗う。
　　しょうがはみじん切りにする。
　　片栗粉大さじ1は水大さじ1で溶く。

2)　鍋にサラダ油大さじ2を熱し、じゃが芋を炒める。
　　透き通ってきたら
　　しょうが、水カップ2½、
　　鶏ひき肉をほぐしながら加える。

3)　煮立ったら火を弱めてあくを取り、
　　砂糖大さじ3、みりん大さじ2を加え、
　　落としぶたをして3～4分煮る。

4)　しょうゆ大さじ3を加え、
　　煮汁が⅓量になるまで弱めの中火で煮る。

5)　火を弱めて、水溶き片栗粉でとろみをつけ、
　　グリンピースを加えて一煮する。

[ベーじゃが]

○4人分
じゃが芋　小20～25個(約600g)
ベーコン(ブロック)　200g
にんにく　2～3かけ(皮つき)
サラダ油　大さじ2
だし汁(＊17ページ参照)　カップ3
砂糖　大さじ2
しょうゆ　大さじ2＋大さじ1

小さなじゃが芋を炒めて、ベーコン、にんにくとともにだし汁で煮て甘辛味に仕上げます。この組み合わせは絶妙な味わい。見るからに食欲をそそるでしょう？　じゃが芋を食べて、次にベーコンを、というふうに交互に食べるといっそうおいしい。にんにくは皮と身の間にうまみがあるので、皮つきのまま炒めます。

1)　じゃが芋は皮ごとしっかり洗う。
　　　ベーコンは1cm厚さに切る。

2)　鍋にサラダ油大さじ2を熱し、
　　　じゃが芋を皮つきのまま入れて
　　　中火で7～8分かけてじっくり炒める。

3)　ベーコン、にんにくを皮つきのまま加えてなじませ、
　　　だし汁カップ3を加えて煮立てる。
　　　火を弱めてあくを取り、砂糖大さじ2を加え、
　　　落としぶたをして15分ほど煮る。

4)　しょうゆ大さじ2を加え、
　　　落としぶたをして、さらに約10分煮る。

5)　竹串を刺してみて
　　　じゃが芋が柔らかくなっていることを確かめてから、
　　　しょうゆ大さじ1を加える。
　　　強火にして煮汁を煮詰め、
　　　鍋をあおって、煮詰まった汁をからめて仕上げる。

[野菜のおかず]
じゃが芋の酢の物

[野菜のおかず]
ズッキーニのごま油あえ

[じゃが芋の酢の物]

○4人分
じゃが芋　3～4個(約200g)
塩　少々
三杯酢(＊49ページ参照)　カップ¼
削り節　少々

> じゃが芋をサッとゆでて三杯酢であえます。さっぱりといただけて、油を使わないのでヘルシーなサラダのような一品です。じゃが芋の歯切れのよさが、このお料理の要(かなめ)。熱湯にじゃが芋を入れて再び煮立つのを待っていると、ゆですぎることがありますから、様子を見て早めに引き上げるようにします。

1) 　三杯酢（49ページ参照）を用意する。
削り節少々は鍋でからいりし、
水分をとばして香ばしくする。

2) 　じゃが芋は皮をむいて
千六本（せん切りより少し太めの
マッチ棒の軸くらいの太さ）に切る。
水に放ち、軽く洗う。

3) 　2を熱湯でサッとゆで、
ざるに上げて熱いうちに塩少々をまぶし、
風を当てて冷ます。

4) 　3を三杯酢であえ、器に盛って削り節をふる。

[ズッキーニのごま油あえ]
○4人分
ズッキーニ　1本
　塩　小さじ1/3
ごま油、いり黒ごま　各大さじ1

> 塩もみしたズッキーニを、ごま油と黒ごまであえるだけです。とろりとしたズッキーニの口当たりがおいしい。ごま油が野菜のくせをとり、コクを出してくれます。

1)　ズッキーニは縦半分に切り、
　　斜め薄切りにする。

2)　ボウルに1を入れ、塩小さじ1/3をふって混ぜ、
　　しばらくおいてしんなりさせて、水けを絞る。

3)　ごま油大さじ1、
　　黒ごま大さじ1を加えて混ぜ合わせる。

[野菜のおかず]
セロリのきんぴら

[野菜のおかず]
そら豆のしょうゆ煮

[セロリのきんぴら]

○2人分
セロリ（茎のみ使用）　小2〜3本（約150g）
赤唐がらし　1本
ごま油　大さじ1
砂糖　大さじ2/3
酒　大さじ1
薄口しょうゆ　大さじ2/3
米酢　大さじ1

> セロリをごま油で炒め、酢の入った調味料でいりつけます。セロリは火を入れても、シャキッとした歯ごたえのよさを味わえる野菜。煮詰めると酸味がとんで、うまみに変わってくれる酢を加えることで、セロリのおいしさが引き立つお料理です。

1)　セロリは4cm長さの短冊に切る。
　　赤唐がらしは種を除いて小口切りにする。

2)　鍋にごま油大さじ1を熱して、
　　セロリ、赤唐がらしを炒める。
　　セロリが透き通ってきたら、
　　砂糖大さじ2/3、
　　酒大さじ1、
　　薄口しょうゆ大さじ2/3、
　　米酢大さじ1を加えていりつける。

3)　煮汁がなくなるまでいりつけたら、
　　火からおろして冷まし、味をなじませる。

[そら豆のしょうゆ煮]

○4人分
そら豆(さやつき)　400〜500g(正味150g)
だし汁(＊17ページ参照)　カップ1½
砂糖、みりん、しょうゆ　各大さじ1

> 下ゆで不要、そら豆を直に煮ていくんです。緑色は沈んでしまうけれど、だし汁やしょうゆで煮ることで、ご飯のおかずになってくれます。そら豆は皮ごとでもいただけます。

さ

1)　　そら豆はさやから出して洗い、
　　　皮に切り込みを入れる。

2)　　小鍋にだし汁カップ1½を煮立て、
　　　砂糖、みりん、しょうゆ各大さじ1を加える。

3)　　そら豆を加え、
　　　煮汁が煮立ったら中火にして
　　　煮汁が½量になるまで煮る。

[野菜のおかず]
大根と青じそのサラダ

[野菜のおかず]
大根と油揚げの煮物

た

[大根と青じそのサラダ]
○4人分
大根　5cm(約220g)
青じそ　10枚
オリーブオイル　大さじ1
塩　小さじ1/3
薄口しょうゆ　小さじ1

> 大根と青じそを調味料であえるだけ。なのにとてもおいしいんです。大根の厚みは重要です。あまり薄く切らないほうがいい。そして塩もみをせずに、フレッシュなみずみずしさをいただきます。薄口しょうゆはとても便利な調味料で、少したらすことで、こうした生野菜もご飯によく合うおかずになるんですよ。

1)　大根は皮をむき、3〜4mm厚さの半月切りにする。

2)　青じそは洗って、
　　ギュッと握って水けを絞ってから、粗く刻む。

3)　ボウルか器に大根と青じそを入れる。
　　オリーブオイル大さじ1、
　　塩小さじ1/3、
　　薄口しょうゆ小さじ1を加えて
　　さっくりあえる。

「MEMO」青じそは刻む前に洗い、
　　　　キッチンペーパーに包んでから
　　　　ギュッと握って水けを絞ると、
　　　　細胞がつぶれていっそう香りが立ちます。

[大根と油揚げの煮物]

○4人分
大根　1本（700〜800g）
油揚げ　2枚
〈だし汁〉
　だし昆布　10cm角1枚
　削り節　40g
　水　カップ10
砂糖　大さじ2
しょうゆ　大さじ4

旬の大根のもっともシンプルな煮方です。冬場のみずみずしい大根を皮つきのまま、下ゆでもせずにたっぷりのおだしで煮ていきます。煮上がりをすぐに食べるのではなくて、ゆっくりと時間をかけて煮たものを、火を止めて味を含ませるうちに大根がしょうゆ色に染まる、それがおいしいのです。

1)　大根は皮つきのまま2〜3cm厚さの
　　輪切りにし、さらに縦半分に切る。
　　油揚げは大きめの短冊（たんざく）切りにする。

2)　鍋にだし汁の材料をすべて入れて、
　　中火で煮立ててこす。

3)　鍋に大根、油揚げを入れ、
　　2のだし汁をかぶるくらいに加えて火にかける。
　　ふたをして、煮立つ程度の火加減で20分ほど煮る
　　（大根に固めに火が通った状態まで煮る）。

4)　砂糖大さじ2、しょうゆ大さじ4を加え、
　　煮汁が1/2量になるまで、ゆっくりと煮る。
　　火を止めて味を含ませる。

「MEMO」砂糖としょうゆは味をみながら
　　　　数回に分けて加えてもよいでしょう。
　　　　寒い季節はいただく前に、もう一度火にかけて温めて。
　　　　つめたく冷えたものもおいしいです。

[野菜のおかず]
大根と牛肉の炒め物

[野菜のおかず]
玉ねぎと牛肉の炒め蒸し

[大根と牛肉の炒め物]

○4人分
大根　7cm（約250g）
大根の葉　2～3本
牛切り落とし肉　120g
　しょうゆ　大さじ1
〈合わせ調味料〉
｜砂糖、酒、しょうゆ　各大さじ1
サラダ油　大さじ1＋大さじ½

> 大根を生のまま直炒めにして、いったん取り出し、牛肉と炒め合わせます。火力の足りない家庭の炒め物は、1種類ずつしっかり炒めて、最後に炒め合わせるのがおいしく作るコツです。このお料理は大根の歯ざわりが身上。皮つきのまま、下ゆでもせずに直に炒めます。いじらずに、焼き色がつくまで待ちましょう。

1)　　　大根は皮つきのまま
　　　　5mm厚さの半月切りにする。
　　　　大根の葉2～3本は色よくゆで、
　　　　3cm長さに切る。
　　　　牛肉は一口大に切り、
　　　　しょうゆ大さじ1で下味をつける。
　　　　合わせ調味料の材料は混ぜ合わせる。

2)　　　フライパンにサラダ油大さじ1を熱し、
　　　　大根を広げて入れ、菜箸であまり触らずに
　　　　焼くようにして炒める。
　　　　片面に焼き色がついたら、いったん取り出す。

3)　　　フライパンにサラダ油大さじ½を足し、
　　　　牛肉を広げて入れ、焼き色をつけて炒める。

4)　　　大根を戻し入れ、大根の葉を加えて一混ぜし、
　　　　合わせ調味料を加える。
　　　　鍋をあおって全体に味をからめる。

[玉ねぎと牛肉の炒め蒸し]

○4人分
玉ねぎ　2個(約600g)
　＊皮の薄い玉ねぎで作るとおいしい。
牛薄切り肉　150～200g
サラダ油　大さじ1
牛脂　適宜
塩　小さじ²⁄₃

玉ねぎの水分だけで、牛肉と一緒に蒸し焼きにするんです。塩で味つけして、牛肉のうまみを吸わせた玉ねぎは、甘みが際立って、なにしろおいしい。一年中いけますが、玉ねぎの水分の比較的多い初夏から秋口は特におすすめ。玉ねぎが固いときは長めに炒めてください。

1)　玉ねぎは皮をむいて横半分に切り、
　　芯をくりぬいて、水の中で輪状にほぐす。
　　牛薄切り肉は大きければ半分に切る。

2)　フライパンにサラダ油大さじ1と
　　あれば牛脂を熱し、
　　水がついたままの玉ねぎを入れて
　　中火でなじむ程度に炒める。
　　塩小さじ1/3をふる。

3)　牛肉を玉ねぎの上にかぶせるようにして広げ、
　　ふたをして
　　ごく弱火で6分ほど蒸し焼きにする。

4)　ふたを取り、塩小さじ1/3を全体にふって
　　強火で鍋をあおる。
　　うまみをひとつにするようなつもりで
　　大きく混ぜ合わせて仕上げる。

[野菜のおかず]
玉ねぎのしゃぶしゃぶ

[野菜のおかず]
トマトの卵炒め

[玉ねぎのしゃぶしゃぶ]

○4人分
玉ねぎ　1〜2個
レタス、サラダ菜　各1個
牛肉(しゃぶしゃぶ用)　200g
〈酒塩〉
　酒　カップ½
　塩　小さじ½
　氷　適量
ポン酢、大根おろし、青ねぎの小口切り　各適量

玉ねぎがおいしい、冷たいしゃぶしゃぶです(玉ねぎと牛肉だけで作ってもよいのです)。野菜も肉もぐらぐらと煮立てない静かな湯で、ゆっくりと火を通すのがコツ。酒＋塩＋氷の酒塩は、牛肉が水くさくならないようにするテクニック。牛肉に下味がついて、いっそう美味です。

1)　玉ねぎは横1cm厚さの輪切りにする。
　　レタス、サラダ菜は芯を除いて軽くほぐす。
　　ボウルに酒塩の材料を合わせる。

2)　鍋に湯を沸かし、火を弱めて煮立ちを落ち着かせる。
　　レタスとサラダ菜を
　　順に色よくゆでて、氷水にとる。
　　ついで玉ねぎをゆで、透き通ったら
　　ざるに広げて冷ます。

3)　鍋の煮立ちを止めて、牛肉を1枚ずつ入れ、
　　サッと色が変わったら、1の酒塩のボウルに入れる
　　(すぐに氷が溶けて自然になじむので、
　　氷の上にのせていけばよい)。

4)　器に2の野菜と、
　　3の肉を水けを軽くきって盛りこむ。
　　ポン酢、大根おろし、青ねぎのたれでいただく。

[トマトの卵炒め]

○2人分
トマト　2個(約400g)
卵　3個
塩　小さじ2/3くらい
こしょう　適量
サラダ油　大さじ3＋大さじ1

> 多めの油で卵を炒めていったん取り出し、トマトと一緒に炒め合わせます。味つけは塩だけですが、トマトの甘みと酸味が卵とよくマッチしておいしい。最初に卵を炒めるとき、多めの油を卵に吸いこみます。この、卵が抱えた油がのちににじみ出して、トマトの水分とうまくからまり、全体がまとまるのです。

1) トマトは食べやすい大きさのざく切りにする。
   卵は溶きほぐす。

2) フライパンを強火にかけて
   サラダ油大さじ3を入れて熱し、
   溶き卵を一気に入れる。
   大きく混ぜて卵に油を吸わせ、いったん取り出す。

3) フライパンにサラダ油大さじ1を足して熱し、
   トマトを入れて炒め、塩、こしょうをふる。

4) トマトに焼き色がついて
   少しくずれるくらいに火を通したら、
   卵を戻し入れる。味をみて、薄ければ
   塩少々とこしょうを足し、全体を炒め合わせる。

[野菜のおかず]

トマトの肉詰め しょうゆバターソース

[野菜のおかず]
なすの油みそ

[トマトの肉詰めしょうゆバターソース]

○4人分
トマト 大2個
〈肉だね〉
　合いびき肉　200g
　A ┌ にんにくのすりおろし　1かけ分
　　├ タイム(乾燥)　小さじ1
　　└ 塩、黒こしょう　各小さじ⅓

薄力粉　適量
オリーブオイル　大さじ1
バター　10g
〈しょうゆバターソース〉
　バター　30g
　薄口しょうゆ　大さじ1
　パセリのみじん切り　大さじ3

> トマトは種だけを除いて、肉だねを押しつけるようにしてフライパンで焼きます。しょうゆバターソースとの相性が抜群。ナイフとフォークで(あるいはナイフで食べやすく切ってお箸で)いただきますが、ご飯によく合うおかずです。

1)　肉だねを作る。ひき肉にAを加えて混ぜる。

2)　トマトは包丁でへたをくりぬき、
　　横半分に切って、スプーンの柄で種を取り除く。
　　キッチンペーパーで水けを軽く押さえ、
　　切り口に薄力粉をふるいかける。

3)　2の切り口に1を4等分にしてしっかりのせる。

4)　フライパンにオリーブオイル大さじ1とバター10gを入れて温める。
　　3を肉だねを下にして入れ、鍋底に押しつけて
　　強火で焼く。焼き色がついたら返し、
　　ふたをしてごく弱火で5分ほど蒸し焼きにする。

5)　しょうゆバターソースを作る。
　　別鍋でバター30gを溶かして軽く焦げるほどに熱し、
　　薄口しょうゆ大さじ1を加える。しょうゆが
　　焦げだしたら、パセリのみじん切りを加える。

6)　4を器に盛り、5のソースをかける。

[なすの油みそ]

○4人分
なす　4〜5本(450g)
青じそ　20〜30枚
赤唐がらし　1本
赤みそ　大さじ2 (約30g)
砂糖　大さじ2
水　約大さじ3
サラダ油　大さじ3

> なすを油炒めにして、みそ、砂糖、水でこっくり柔らかくいりつけます。仕上げに青じそをたっぷりと。これはもう、ご飯がすすんでしょうがない。冷めてからのほうが味がよくなじんでおいしいですよ。

1)　なすは1cm厚さの輪切りにして、
　　水に放ってあくを抜く。
　　青じそは洗っておく。
　　赤唐がらし1本は種を除いて小口切りにする。

2)　鍋にサラダ油大さじ3を温め、
　　赤唐がらし、なすを水けをきって入れ、
　　焦げ目が少しつくくらいに強火で炒める。

3)　赤みそ大さじ2（約30g）、
　　砂糖大さじ2を加えて炒め、
　　なすの水けが少なければ
　　水約大さじ3を補って
　　しっとりといりつける。

4)　青じその水けを絞って
　　小さくちぎりながら鍋に加え、一混ぜする。

「MEMO」なすが季節はずれで、水分が少なく固いときは、
　　　　水を適宜補って、柔らかく煮てください。

[野菜のおかず]
にらと豚肉のからしあえ

[野菜のおかず]
にんじんと牛肉のうま煮

[にらと豚肉のからしあえ]
○4人分
にら　1束(100g)
豚ばら薄切り肉　80g
塩　少々
練りがらし　小さじ1
しょうゆ　大さじ½

> にらと豚肉を同じ鍋でゆでて冷まし、からしじょうゆであえます。あえるのは、いただく直前がおいしいですよ。このような和食はノンオイルで味つけもシンプルですから、コクがありつつ、すっきりとしたおかずになります。ちなみに、にらは夏が旬の野菜です。

1) にらは3〜4cm長さに切る。
   豚ばら肉は2cm幅に切る。

2) 湯を沸かして煮立ちを静め、
   豚肉をほぐしながら入れる。
   肉の色が変わり始めたら、にらも加えて
   緑色が鮮やかになったらざるに上げ、広げて冷ます。

3) 薄塩をし、風を当てて冷ます。

4) ボウルに練りがらし小さじ1を入れ、
   しょうゆ大さじ½で溶く。
   3を水けを軽く絞って入れ、あえる。

[にんじんと牛肉のうま煮]

○4人分
にんじん　大2本(約400g)
牛切り落とし肉　200g
赤唐がらしの小口切り　小さじ1
サラダ油　大さじ1
酒　カップ½
水　カップ1
砂糖　大さじ3
しょうゆ　大さじ2

にんじんを油で炒めてから、牛肉とともに水で煮ます。牛肉からうまみが出るので、だしは不要。水でよいのです。最後に煮汁をからめ、照りを出して仕上げます。コクのあるピリ甘辛味の、ご飯によく合うおかずです。

1)　にんじんは皮をむいて
　　　1cm厚さの輪切りにし、
　　　太い部分は半月切りにする。
　　　牛肉は3cm幅に切る。

2)　鍋にサラダ油大さじ1を熱して
　　　にんじんを炒め、赤唐がらしを加える。
　　　油がまわったら
　　　牛肉、酒カップ½、水カップ1を加え、
　　　しっかり煮立ててから
　　　火を弱めてあくをすくう。

3)　砂糖大さじ3を加え、
　　　落としぶたをして、
　　　ふつふつとしたおだやかな火加減で5〜6分煮る。
　　　しょうゆ大さじ2を加えて再びふたをし、
　　　煮汁が少し残るくらいまで10〜12分煮る。

4)　火を少し強め、煮詰まった煮汁を
　　　からめて照りよく仕上げる。

[野菜のおかず]
白菜の葛煮

[野菜のおかず]
白菜と鮭の煮びたし

[白菜の葛煮]
○4人分
白菜　1/4株（約420g）
ハム　4枚
だし汁（＊17ページ参照）　カップ2
みりん、薄口しょうゆ　各大さじ2
〈水溶き片栗粉〉
｜片栗粉大さじ2＋水大さじ1

白菜と細切りにしたハムを、だし汁で煮ます。くったりと柔らかく煮て、片栗粉でとろみをつけると、白菜の甘みがだし汁とあいまって、なんとも幸せな味わいです。葛煮といっても、ここでは手軽な片栗粉を使いました。とろみをつけた煮物は冷めにくく、からだを芯から温めてくれるよう。柔らかく溶いた練りがらしで食べるのもおいしいです。

1)　白菜は大きめの短冊切りにする。
　　ハムは3mm幅に切る。
　　片栗粉大さじ2は水大さじ1で溶く。

2)　鍋にだし汁カップ2を温め、
　　白菜とハムを入れ、
　　みりん、薄口しょうゆ各大さじ2を加える。
　　白菜が柔らかくなるまで2〜3分煮る。

3)　鍋の中を菜箸で軽く混ぜながら、
　　水溶き片栗粉を加えてとろみをつける。

「MEMO」白菜によって火の通りが異なります。
　　　　多少時間がかかっても、
　　　　柔らかく煮るのがおいしいおかずです。

[白菜と鮭の煮びたし]

○4人分
白菜　¼株(約420g)
生鮭　1切れ(100g)
塩　適量
だし汁(*17ページ参照)　カップ1½
薄口しょうゆ　大さじ1½
酒　大さじ1
七味唐がらし　適宜

> 下ゆでした白菜を煮て、最後に鮭を加えることで、鮭が煮くずれず、鮭のおいしさが煮汁全体に広がります。

1)　白菜は下ゆでする。

2)　白菜をざるに広げて薄塩をし、風を当てて冷ます。
　　2cm幅に切り、水けを軽く絞る。

3)　鮭は7～8mm厚さのそぎ切りにし、薄塩をする。

4)　鍋にだし汁カップ1½を温め、
　　薄口しょうゆ大さじ1½、酒大さじ1で味をつける。
　　白菜を入れて、充分に煮立てる。

5)　鮭をのせて、玉じゃくしで煮汁をかけながら火を通す。
　　煮汁とともに器に盛り、好みで七味唐がらしを添える。

「MEMO」白菜はフライパンで下ゆでするとラクです。
　　　　葉を1枚ずつはがして
　　　　ふたつきのフッ素樹脂加工のフライパンに入れ、
　　　　水カップ⅓を加えてふたをし、強火にかけます。
　　　　蒸気がもれてきたら上下を一度返し、
　　　　ふたをしてさらに1分ほど蒸しゆでにします。

[野菜のおかず]
パプリカと牛肉の炒め物

[野菜のおかず]
焼きピーマンの煮びたし

は

[パプリカと牛肉の炒め物]

○4人分
パプリカ(赤)　1個(150g)
牛肉(網焼き用)　100g
　砂糖、しょうゆ　各大さじ½
塩、こしょう　各少々
黒こしょう　適量
サラダ油　大さじ1

> パプリカと牛肉を別々に炒めてから、炒め合わせます。こうすると両方にほどよく火を通すことができるんです。上手に炒めたパプリカは甘くておいしいです。

1)　牛肉は一口大に切って、
　　砂糖、しょうゆ各大さじ½をもみこみ、
　　下味をつける。
　　パプリカは縦に1cm幅の細切りにする。

2)　フライパンにサラダ油大さじ1を熱し、
　　パプリカを入れて、強火でやや固めに炒める。
　　軽く塩、こしょうして、いったん取り出す。

3)　2のフライパンに牛肉を入れ、
　　片面に焼き色がついたら返して、
　　パプリカを戻し入れて炒め合わせ、
　　仕上げに黒こしょうをふる。

「MEMO」薄切り肉は両面に
　　　　焼き色をつけようと思わないこと。
　　　　火が通りすぎてしまいます。

[焼きピーマンの煮びたし]

○4人分
ピーマン(緑、赤)　合わせて8個(約350g)
　＊緑だけで作ってもよい。
だし汁(＊17ページ参照)　カップ1
薄口しょうゆ　大さじ1
しょうが　1かけ

直火で焼いたピーマンを、だし汁でサッと煮ただけのお料理ですが、ちょっとバターを感じさせるようなピーマンのうまみが出ます。小さめのピーマンを選ぶと柔らかく仕上がり、へたや種ごと食べられます。

1) ピーマンは網にのせて、
   表面全体が黒焦げになるように中火で焼く。

2) ピーマンを水にとって焦げを洗い落とし、
   へた、種つきのまま縦2つに切る。

3) 鍋にだし汁カップ1を入れ、
   薄口しょうゆ大さじ1で味つけして煮立てる。
   ピーマンを入れて、一煮立ちさせる。

4) 3の鍋底を水に当てて冷まし、冷えたら器に盛る。
   しょうがをすりおろし、絞り汁をかけてすすめる。

「MEMO」焦げを落とすとき、水に浸す時間が長くなると
　　　　ピーマンの風味が損なわれます。
　　　　手早く行うのがコツ。

[野菜のおかず]
万願寺唐がらしのいり煮

[野菜のおかず]
芽キャベツの素揚げ

[万願寺唐がらしのいり煮]

○4人分
万願寺唐がらし　1パック(200g)
　＊ピーマン、しし唐でもよい。
サラダ油　大さじ2/3
だし汁(＊17ページ参照)　カップ1
薄口しょうゆ　大さじ2
塩　小さじ1/4
しらす　1つかみ(約50g)

これはピーマン、しし唐で作ってもいいんですよ。ピーマン系の野菜を油で炒めて、だし汁で煮て薄口しょうゆと塩で味つけ。仕上がりにしらすを加えます。野菜のほのかな甘みと苦み、青くさみがくせになるおいしさで、一度食べるとファンになる人が多いんです。

1) 　万願寺唐がらしは長さを3等分に切る。

2) 　鍋にサラダ油大さじ2/3を熱して、1を炒める。
　　　油がまわったら、だし汁カップ1を加え、
　　　薄口しょうゆ大さじ2、塩小さじ1/4で味つけする。
　　　落としぶたをし、煮汁が1/2量になるまで煮る。

3) 　しらすを1つかみ加えて煮、
　　　味がなじんだら火からおろす。

4) 　鍋底を水に当てて冷やし、粗熱をとる。

「MEMO」落としぶたをすることで、
　　　　少ない煮汁でも煮上げることができます。

[芽キャベツの素揚げ]

○4人分
芽キャベツ　200g
揚げ油　適量
天然塩　適量

＊シンプルなお料理なので、
　塩は天然のうまみのあるものを。

> 芽キャベツを素揚げにします。ほろ苦くて、これがとてもおいしいんです。表面こそ揚げ色がついていますが、中は蒸し焼きのようになっているのでほっこり柔らかくて、油っぽさはありません。大きな芽キャベツは火が入りにくいですから、外葉をはがして小さくして揚げるとよいですね。

1)　芽キャベツは外側の葉を一むきし、
　　根元に十字の切り込みを入れる。

2)　フライパンに1cmの深さに
　　油を入れ、軽く温める。
　　低い温度から芽キャベツを入れて、
　　強火にし、キャベツが色づくまで揚げる。

3)　油から引き上げたら
　　紙に広げて油をきり、
　　塩をパラパラとまぶす。

[MEMO]　揚げているとき、油の温度が上がりすぎて
　　　　パチッと音がしたら、必ず火を弱めます。
　　　　温度を調整しながら揚げることが大事。

[野菜のおかず]
もやしと油揚げの炒め物

[野菜のおかず]

レタスのベーコンドレッシングがけ

[もやしと油揚げの炒め物]
○4人分
もやし　1袋(200g)
油揚げ　1枚
　酒、しょうゆ　各大さじ²⁄₃
塩　小さじ½
サラダ油　大さじ²⁄₃＋大さじ½

> 下味をつけた油揚げともやしをサッと炒めます。もやしのおいしさは歯切れです。ですから、ひげ根はきちんと取り除いてください。

1)　　もやしはひげ根を取って洗う。
　　　油揚げはせん切りにして、
　　　酒、しょうゆ各大さじ²⁄₃で下味をつける。

2)　　フライパンにサラダ油大さじ²⁄₃を熱して
　　　油揚げをカリッと炒める。

3)　　サラダ油大さじ½を足し、
　　　もやしを入れて強火で炒める。
　　　塩小さじ½をふって、炒め合わせる。

「MEMO」洗ったもやしは、水けがついたまま炒めます。
　　　　もやしの水滴が強火で炒めることで蒸気となり、
　　　　その蒸気でもやしが蒸されるようになるので
　　　　手早く火が通り、シャキッと仕上がります。
　　　　もやしが乾きぎみなら、
　　　　炒めるときに指先に水をつけて、
　　　　パッパッとふり入れてもよいでしょう。

[レタスのベーコンドレッシングがけ]

○4人分
レタス　1個
ベーコン　5枚（90g）
パセリ　¼束
米酢　大さじ3
しょうゆ　大さじ2

生のレタスに、こんがりと焼いたベーコンのアツアツのドレッシングをかけていただきます。レタスは、手でやさしく割り、大きな葉は食べやすくちぎって。切り口がぎざぎざになったほうが、ドレッシングがからんでおいしく感じます。

1)　レタスは芯に切り込みを入れて
　　手で半割りにする。
　　さらに、外側の大きな葉は
　　食べやすくちぎり、器に盛りこむ。

2)　ベーコンは細切りにする。
　　パセリは洗い、キッチンペーパーで包んで
　　ギュッと水けを絞って葉をまとめ、
　　端からみじん切りにする。

3)　フライパンにベーコンを入れて香ばしく炒める。
　　米酢大さじ3、しょうゆ大さじ2、
　　パセリのみじん切りを加え、
　　一煮立ちさせてアツアツをレタスにかける。

[野菜のおかず]
れんこんのガレット

[魚介のおかず]
鮭の照り焼き

ら

[れんこんのガレット]

○4人分（4〜5枚分）
れんこん（細いもの）　1節（160g）
パルメザンチーズ（かたまり）　70g
サラダ油　大さじ1
〈生地〉
　薄力粉　100g
　卵　1個
　ビール　カップ1
　塩　小さじ½

> ビール入りのクレープ生地、れんこんの薄切り、チーズの重ね焼きです。フライパンで作れますよ。チーズがパリッ、生地がもっちり、れんこんがコリッ。朝食にも、おやつにも、ワインやビールのあてにもおいしくて、何もつけなくても、チーズの塩分だけでいただけます。

1) 　れんこんは皮をむいて、薄切りにする。
　　　パルメザンチーズはすりおろす。

2) 　生地の材料はすべて混ぜ合わせる。

3) 　小さめのフライパン（直径20cm）に
　　　サラダ油大さじ1を温め、
　　　2の生地を玉じゃくし1杯（約75mℓ）流し入れ、
　　　丸く広げて中火で焼く。
　　　上にれんこんを均一に並べ、
　　　パルメザンチーズをたっぷりのせる。

4) 　焼き色がついたら返し、中火でじっくり焼いて
　　　両面にこんがりと焼き色をつけて仕上げる。
　　　残りも同様に焼き上げる。

「MEMO」れんこんは水にさらさず、
　　　　でんぷんを残したままで
　　　　もっちりした食感を生かします。

[鮭の照り焼き]

○4人分
生鮭　3〜4切れ（約360g）
サラダ油　大さじ1

〈煮汁〉
| 砂糖、みりん　各大さじ1
| しょうゆ、酒　各大さじ2

> ふたのできるフライパンで鮭をふっくらと蒸し焼きにしてから、甘辛味の煮汁をからめます。こうしたおかずは、4人分で魚4切れが必ず必要とも限りませんね。ほかにもおかずがあるのだし。3切れを盛り合わせて、みんなで分け合って食べるのがほどよいこともあると思います。

1)　煮汁の材料を混ぜ合わせる。

2)　フライパンにサラダ油大さじ1を熱し、
　　鮭を皮目を下にして入れる。
　　強めの火で焼いて、香ばしい焼き色をつける。

3)　フライパンの油をキッチンペーパーできれいにふき取り、
　　鮭を返して、1の煮汁を加える。
　　ふたをして弱火で8分蒸し焼きにし、
　　中まで火を通す。

4)　ふたを取って火を強め、
　　煮汁がとろりとするまで煮詰める。

「MEMO」魚は皮目をカリッと、しっかりめに焼くこと。
　　　　長く火にかけた油は酸化するし、
　　　　魚の脂も出ているので、
　　　　キッチンペーパーでふき取ってから煮汁を加えます。

［魚介のおかず］
いわしのしょうゆ焼き

［魚介のおかず］
まぐろのしょうが焼き

[いわしのしょうゆ焼き]

○4人分
いわし　4尾（約320g）
〈つけじょうゆ〉
| しょうゆ　大さじ3
| みりん　大さじ1

＊好みですだちなどを絞って。

> いわしにしょうゆとみりんで下味をつけて焼くだけですが、これが思いがけないおいしさ。香ばしくて、なんともいえぬ美味なんです。

1)　いわしはうろこを取り、頭を切り落として
　　わたを取り除く。
　　水洗いして、水けをよくふき取り、
　　バットか皿に並べる。

2)　つけじょうゆの材料を混ぜ合わせて
　　1に回しかけ、
　　20～30分おいて味をなじませる。

3)　グリルを熱して、いわしの汁けをきって入れ、
　　こんがりと焼き上げる。

「MEMO」尾の焦げるのが気になるときは、
　　　　アルミ箔を巻いて焼くとよいでしょう。

[まぐろのしょうが焼き]

○4人分

まぐろ　200g
　　しょうゆ、しょうが汁　各大さじ1
薄力粉　適量
サラダ油　大さじ1½
〈合わせ調味料〉
　│しょうが　1かけ(約15g)
　│しょうゆ、みりん、砂糖、酒　各大さじ1

> まぐろに薄力粉をまぶしてフライパンで焼き、しょうが入りのたれをからめます。ちょっとステーキみたいな、庶民派のごちそう。安売りのまぐろでもおいしくできるのがいいでしょう？

1) まぐろはキッチンペーパーで水けを押さえ、
　 1cm厚さのそぎ切りにして、
　 下味（しょうゆ、しょうが汁各大さじ1）を
　 つけて10分ほどおく。

2) 合わせ調味料のしょうがはすりおろして、
　 しょうゆ、みりん、砂糖、酒各大さじ1と
　 混ぜ合わせる。

3) フライパンにサラダ油大さじ1½を熱する。
　 1のまぐろの汁を軽くきり、
　 薄力粉を軽くまぶして（全体についていなくてよし）
　 フライパンに入れ、強めの火で焼く。

4) まぐろにこんがりと焼き色がついたら
　 返して火を通し、
　 2の合わせ調味料を加えていりつける。
　 煮汁をからめて仕上げる。

[魚介のおかず]
しじみのにんにく炒め

[魚介のおかず]
かきの昆布蒸し

[しじみのにんにく炒め]

○4人分
しじみ 2パック（約500g）
にんにく 1かけ
豆板醤（トウバンジャン） 小さじ½
紹興酒（または酒） 大さじ3
しょうゆ 大さじ1
ごま油 大さじ2

> にんにくと豆板醤の風味を効かせた、台湾料理の定番です。ピリ辛味でビールのおつまみにもいいですし、しじみのエキスの出た汁をご飯にかけて食べたりするのもおいしいんです。

1) しじみは殻どうしをこすり合わせるようにして流水でよく洗う。
   にんにくは皮をむいてみじん切りにする。

2) フライパンにごま油大さじ2とにんにくを入れて、中火にかける。
   にんにくの香りが立ってきたら
   豆板醤小さじ½を加えて炒め、
   豆板醤の香りが立ったら、
   しじみを加えて強火で炒める。

3) 紹興酒大さじ3、
   しょうゆ大さじ1を加えてふたをし、
   貝の口が開くまで蒸し煮にする。

「MEMO」しじみは淡水にいるので、真水につけて砂出しを。

[かきの昆布蒸し]

○2人分
かき　150g
だし昆布　20㎝長さ1枚
バター　大さじ1
酒　大さじ2
ポン酢、大根おろし　各適量

> フライパンに昆布を敷き、かきを並べてバターと酒で蒸し煮にします。短時間で作れる、とても簡単で、とびきりおいしいお料理です。かきは〝加熱用〟と表示されているもののほうが、うまみが残っていておすすめです。目の粗いざるに入れて揺すりながら、流水か塩水でふり洗いしてから調理してください。

1) かきは流水か塩水でふり洗いし、
   水けをきる。
   昆布は水にくぐらせ、
   しんなりするくらいに軽くもどす。

2) フライパンに1の昆布を敷き、かきを並べ入れる。
   バター大さじ1をちぎってのせ、
   酒大さじ2をふる。

3) ふたをして、強火で1分30秒ほど蒸し煮にし、
   昆布ごと皿に取り出す。
   ポン酢に大根おろしを添えて、アツアツをいただく。

「MEMO」昆布が少し焦げるくらいが
　　　　香ばしくておいしいです。
　　　　かきの火の通し方はお好みで。

[肉のおかず]
鶏レバーとにらの炒め物

[肉のおかず]
鶏レバーのしょうゆ煮

[鶏レバーとにらの炒め物]
○4人分
鶏レバー　200g
　しょうゆ　大さじ1
　こしょう　適量
　片栗粉　大さじ3
にら　1束（100g）
にんにく　1かけ
サラダ油　大さじ2
〈合わせ調味料〉
　しょうゆ、砂糖　各大さじ½
　酒　大さじ1
塩　小さじ⅓

> 下味をつけてカリッと炒めた鶏レバーに、にらを炒め合わせます。レバーは片栗粉をまぶして炒めることで調味料がよくからみ、コクのある味わいに。鮮度のよいレバーで作りましょう。

1)　にらは食べやすく切り、
　　サッと洗ってざるに上げる。
　　にんにくは粗く刻む。
　　合わせ調味料の材料は混ぜ合わせる。

2)　鶏レバーは水けを軽くふいて2つに切る。
　　しょうゆ大さじ1、こしょう適量をもみこみ、
　　片栗粉大さじ3をまぶす。

3)　フライパンにサラダ油大さじ2と
　　にんにくを入れて中火で熱し、
　　香りが立ったら2のレバーを加える。

4)　レバーに焼き色がついたら
　　一度全体を大きく返して、にらを加える。

5)　合わせ調味料と塩小さじ⅓を加え、
　　鍋をあおって、にらを色鮮やかにいりつける。

[鶏レバーのしょうゆ煮]

○4人分
鶏レバー　200g
にんにく　1かけ
しょうゆ　大さじ1½
酒　大さじ2
みりん　大さじ1
サラダ油　大さじ½

> ころころに小さく切ったレバーを、甘辛味でしっかりと煮つけます。にんにくがレバーのにおいを消してくれるので、とても食べやすいお料理。砂肝を入れてもおいしいですよ。

1) 鶏レバーはさいの目に切る。
   にんにくはすりおろす。

2) 小鍋にレバーとにんにくを入れ、
   しょうゆ大さじ1½、酒大さじ2、
   みりん大さじ1を加えて中火にかける。

3) あくが出てきたら取り除き、
   ときどき混ぜながら
   煮汁が完全になくなるまで中火で煮詰める。

4) 仕上げにサラダ油大さじ½を加え、
   おいしそうなツヤとコクを出す。

「MEMO」鮮度が落ちたレバーは臭みが出るので、
　　　　牛乳に浸して血抜きをするとよい。

[肉のおかず]
スペアリブの酢煮

[卵のおかず]
チリ卵

[スペアリブの酢煮]

○4人分
スペアリブ　6本（約430g）
〈煮汁〉
　米酢　カップ1½
　水　カップ1
　はちみつ　50g
　たまりじょうゆ　大さじ1
削り節　小さく1つかみ

> 酢、水、はちみつ、たまりじょうゆでスペアリブを煮ます。こってりとして満足感がありますが、酢が入るので意外にさっぱりでもあって、お年寄りから子供にまで人気のお料理です。最後にからめる削り節、それとやはり酢の力で「日本のおかず」として親しみのある味わいに。

1) 　大きな鍋にスペアリブと、
　　煮汁の材料をすべて入れて
　　強火にかける。

2) 　煮立ったら、あくを取り、ふたをせずに
　　しゅわ～っと煮立てたままで16～17分煮る。

3) 　削り節小さく1つかみは
　　別鍋でいって水分をとばす。

4) 　2の煮汁がとろりと煮詰まったら、
　　削り節をもみほぐして加え、からめる。

「MEMO」スペアリブから骨が出てきたら火が通った証拠。
　　　　このとき煮汁がたくさんあるようなら、
　　　　スペアリブを一度取り出して煮汁を煮詰め、
　　　　再び合わせて仕上げます。

[チリ卵]

○4人分
卵　5個
長ねぎ　1本
しょうが　大1かけ(約20g)
にんにく　1かけ
〈チリソース〉
　トマトケチャップ　大さじ4
　砂糖、酢、酒、豆板醤(トウバンジャン)　各大さじ1
サラダ油　大さじ3

たっぷりの香味野菜と卵を炒め合わせて、ピリ辛のソースをからめて焼き上げる中華風のおかず。手早くサッと作れるのが魅力です。ご飯にのせればチリ卵丼としても楽しめます。

1)　長ねぎ、しょうが、にんにくは
　　粗いみじん切りにする。
　　チリソースの材料は混ぜ合わせる。
　　卵は溶きほぐす。

2)　フライパンにサラダ油大さじ3と
　　しょうが、にんにくを入れて中火で熱し、
　　香りが立ったら長ねぎを加えて炒める。

3)　強火にしてフライパンを強く熱し、
　　溶き卵を一気に加えて大きく混ぜる。
　　半熟になったらチリソースを加えて
　　ざっくりとからめる。

[豆腐類のおかず]
かみなり豆腐

[豆腐類のおかず]
豆腐とひき肉の煮物

[かみなり豆腐]

○4人分
絹ごし豆腐　1丁(300g)
ごま油　大さじ3〜4
長ねぎ　⅓本
塩、しょうゆ　各適宜

> 多めのごま油で豆腐を炒めるので、バリバリバリッとかみなりのような音がするんです。香りのいいアツアツのごま油と、お豆腐がたまらぬ美味。お豆腐が甘い！です。

1)　長ねぎは小口切りにする。

2)　鍋にごま油大さじ3〜4を入れて火にかけ、
　　うっすらと煙が出るくらいに熱する。
　　豆腐を水けをきって丸のまま入れる。

3)　玉じゃくしで豆腐をすくうようにして
　　大きめにくずし分けながら、揚げるように炒める。
　　豆腐をくずしたら、もう触らずに
　　途中で一度返す程度にして中まで充分に熱くする。

4)　油ごと器に盛り、長ねぎを添える。
　　めいめいが好みで
　　塩やしょうゆをかけていただく。

「MEMO」豆腐を入れるとき、油がはねるので注意して。
　　　　豆腐は重石(おもし)をするなどの水きりは不要です。

[豆腐とひき肉の煮物]

○4人分
絹ごし豆腐　1丁(300g)
豚ひき肉　100g
長ねぎ　¼本
しょうが　大1かけ(約20g)
にんにく　1かけ
しょうゆ　大さじ2
水　カップ1
サラダ油　大さじ2
ごま油　大さじ1
〈水溶き片栗粉〉
｜片栗粉大さじ1½＋水大さじ1½

> ねぎ、しょうがの薬味を効かせてひき肉を炒め、豆腐を煮込みます。麻婆豆腐の辛くないバージョン、といった感じでしょうか。やさしい味で、これなら子供も食べられます。

1)　豆腐はさいの目に切る。
　　　長ねぎ、しょうが、にんにくは
　　　粗いみじん切りにする。
　　　片栗粉大さじ1½は水大さじ1½で溶く。

2)　鍋かフライパンにサラダ油大さじ2を熱し、
　　　長ねぎ、しょうが、にんにくを中火で炒める。
　　　香りが立ったら、ひき肉を加えてほぐし炒める。

3)　ひき肉に火が通ったら、豆腐を入れ、
　　　しょうゆ大さじ2、水カップ1を加えて煮立てる。
　　　中火以下の火加減にして5分ほど煮る。

4)　豆腐がほんのりとしょうゆ色に変わったところで
　　　火を止めて、鍋中をやさしく混ぜながら
　　　水溶き片栗粉を加える。
　　　再び火をつけて、やさしく混ぜながらとろみをつけ、
　　　ごま油大さじ1を回しかけて仕上げる。

「MEMO」強い火だと豆腐にすが入ってしまうので、
　　　　中火以下の火加減で煮込みます。

[豆腐類のおかず]
煮やっこ

[豆腐類のおかず]
高野豆腐のオランダ煮

豆腐をたっぷりの酒で含め煮にし、ねぎを加えて卵でとじます。削り節が入るので、だしいらず。お豆腐ですが、これはなかなかに贅沢なお料理で、お酒がカップ1も入るんです（煮るとアルコール分がとんで、酒のうまみだけが残ります）。汁ごとすくって、アツアツを召し上がってください。

[煮やっこ]
○4人分
木綿豆腐　1丁（300g）
卵　2個
削り節　1つかみ（12g）
酒　カップ1
水　適量（約カップ1）
砂糖、しょうゆ　各大さじ2
青ねぎ　2本
＊好みで七味唐がらしをふっていただく。

1)　　豆腐は大きく切って鍋に入れる。
　　　削り節1つかみを加えて、
　　　酒カップ1、
　　　かぶるくらいの水（カップ1杯程度）を入れて煮る。
　　　卵は溶きほぐす。

2)　　豆腐が温まったら
　　　砂糖、しょうゆ各大さじ2を加える。
　　　煮立ったら弱火にし、
　　　落としぶたをして10分ほど煮て味を含める。

3)　　青ねぎを斜め切りにして加える。
　　　溶き卵を回し入れ、
　　　卵にほどよく火を通して器に盛る。

[高野豆腐のオランダ煮]

○4人分

高野豆腐　3個
　薄力粉　適量
揚げ油　適量
〈煮汁〉
　だし汁（＊17ページ参照）　カップ1½
　しょうゆ　大さじ2
　みりん　大さじ1

> 高野豆腐に薄力粉をまぶして揚げ、だし汁で甘辛く煮たお料理。つるんとした口当たりで、コクがあり、一度食べると忘れられない味わいです。

1)　高野豆腐は柔らかくもどし、
　　両手ではさんで水けを絞る。
　　半分に切り、厚みを2等分にそぎ切りにする。

2)　フライパンに1cmの深さに
　　油を入れて熱する。菜箸で一混ぜして
　　箸の先から粟粒ほどの小さな泡が
　　出る温度（170度）にする。
　　1に薄力粉をまぶして油に入れ、
　　箸の当たりがカリッとしてくるまで揚げる。

3)　鍋に煮汁の材料を合わせて温め、
　　2を入れて1～2分煮る。

[豆腐類のおかず]
油揚げの炊いたん

[その他のおかず]
ちくわのいり煮

[油揚げの炊いたん]

○4人分

油揚げ　6枚
　＊関西風の四角い油揚げなら12枚。
だし汁（＊17ページ参照）　カップ2
砂糖　大さじ5
しょうゆ　大さじ3

> 油揚げをしっかり油抜きして、だし汁で甘辛く煮ます。きつねどんやいなりずしにする「油揚げの炊いたん」は、そのままでもおいしいおかずになるのです。日もち（冷蔵庫で4〜5日）もするので重宝ですよ。

1)　鍋にたっぷりの湯を沸かす。
　　沸騰したら油揚げを入れ、
　　落としぶたをして中火で10分以上ゆでる。
　　落としぶたで油揚げを押さえるようにして
　　ゆで汁を捨てる。

2)　1の鍋に
　　だし汁カップ2を加えて火にかける。
　　煮立ったら、砂糖大さじ5を加え、
　　落としぶたをして中火で7〜8分煮る。

3)　しょうゆ大さじ3を加え、
　　落としぶたをして
　　煮汁が1/3量になるまで煮る。

ちくわを油で炒め、しょうゆや砂糖で甘辛くいりつけます。親しみのあるおいしさで、ご飯にもお酒のあてにもいいですね。お弁当のおかずにも最適です。
昔から日本の家庭でよく作られていたものなのに、"お料理本"にはなかなか載らないお料理なので、あえてこの『名もないおかずの手帖』の最後を飾ってもらいました。

[ちくわのいり煮]
○2〜4人分
ちくわ(太いもの)　1本
サラダ油　大さじ1
砂糖　小さじ1
しょうゆ　大さじ2/3
酒　大さじ1
いり白ごま　大さじ1

1)　　ちくわは8mm厚さの斜め切りにする。

2)　　鍋にサラダ油大さじ1を熱して、
　　　ちくわを強火で炒める。

3)　　焼き色がついたら
　　　砂糖小さじ1、しょうゆ大さじ2/3、
　　　酒大さじ1を加えていりつけ、照りをつける。
　　　仕上げに白ごま大さじ1をふる。

本書は『土井善晴さんちの 名もないおかずの手帖』（小社刊）を再編集して文庫化したものです。

土井善晴―1957年、大阪府に生まれる。料理研究家。「土井善晴 おいしいもの研究所」主宰。スイス、フランスで西洋料理を学び、大阪の「味吉兆」で日本料理を修業。家庭料理の第一人者であった父、土井勝の遺志を継ぎ、「清く正しくおいしい」日本の家庭料理を提案する。季節感や素材の味を大切にした家庭の味にこだわり、理論的でわかりやすい解説に定評がある。テレビや雑誌、レストランのメニュー開発など幅広く活躍。著書には『ごちそうのかたち』(テレビ朝日)、『土井善晴の定番料理はこの1冊』(光文社)、『まねしたくなる土井家の家ごはん』『土井家の「一生もん」2品献立』(以上、講談社)など多数ある。

講談社+α文庫　土井善晴(どいよしはる)さんちの「名(な)もないおかず」の手帖(てちょう)

土井(どい)善晴(よしはる)　©Yoshiharu Doi 2015

本書のコピー、スキャン、デジタル化等の無断複製は著作権法上での例外を除き禁じられています。本書を代行業者等の第三者に依頼してスキャンやデジタル化することは、たとえ個人や家庭内の利用でも著作権法違反です。

2015年5月20日第1刷発行
2025年3月5日第16刷発行

発行者	篠木和久
発行所	株式会社 講談社

東京都文京区音羽2-12-21　〒112-8001
電話　編集(03)5395-3522
　　　販売(03)5395-5817
　　　業務(03)5395-3615

撮影	公文美和
スタイリング	中里真理子
取材・文	白江亜古
料理制作アシスタント	おいしいもの研究所
カバーデザイン	鈴木成一デザイン室
カバー印刷	TOPPAN株式会社
印刷	大日本印刷株式会社
製本	株式会社国宝社

落丁本・乱丁本は購入書店名を明記のうえ、小社業務あてにお送りください。
送料は小社負担にてお取り替えします。
なお、この本の内容についてのお問い合わせは
第一事業本部企画部「+α文庫」あてにお願いいたします。
Printed in Japan ISBN978-4-06-281594-9
定価はカバーに表示してあります。

講談社+α文庫 ©生活情報

カラダ革命ランニング
マッスル補強運動と、正しい走り方

金 哲彦

健康やダイエットのためばかりじゃない。走りが軽く、楽しくなるランニング・メソッド！

*年金・保険・相続・贈与・遺言 きほんの「き」

岡本通武＋「みんなの暮らしと税金」研究会

プロがわかりやすく答える、暮らしのお金のモヤモヤを解決しておトクをゲット！

*顔2分・体5分！フェロモン・ダイエット
生涯、美しくて幸福な人になる！

吉丸美枝子

自分の顔は変えられる！ 顔はオードリー、体はモンローに変身して幸福になった秘訣！

20歳若くなる！フェロモンボディのつくり方

吉丸美枝子

誰でも美乳・美尻に変身！ 年齢を重ねるほどに美しくなる人のボディメイクの秘密

*今夜も一杯！おつまみ手帖
有名料理家競演

講談社 編

有名料理家11名の簡単おつまみレシピが143！ お酒がどんどんすすみそう！

奇跡の「きくち体操」

菊池和子

若さと健康を生涯守れるすごいメソッド「きくち体操」の考え方、厳選体操。すぐできる！

まねしたくなる 土井家の家ごはん

土井善晴

本当においしいそうめん、素晴らしくうまいポテトサラダ……。これぞ魅惑の家ごはん

土井善晴さんちの「名もないおかず」の手帖

土井善晴

簡単に作れて、おいしくて、食べ飽きない。永遠の定番おかずを一品ずつ丁寧に紹介！

よりぬき 医者以前の健康の常識

平石貴久

その健康法、逆効果かも。ケガや病気への対処法から、良い病院選びまでの最新常識集！

よりぬき グルメ以前の食事マナーの常識

小倉朋子

箸の上げ下ろしから、フレンチ・中華・イタリアンのフルコースまで、どんと来い！

533円 C138-1
533円 C137-1
780円 C136-2
700円 C136-1
648円 C132-1
667円 C128-1
552円 C126-2
648円 C126-1
648円 C119-1
648円 C118-1

*印は書き下ろし・オリジナル作品

表示価格はすべて本体価格（税別）です。本体価格は変更することがあります